21 Días de Ayuno + Oración 2025

Oración *llena* del Espíritu

Lo Que Hay Adentro

Unámonos en oración llena del Espíritu

El Presidente Cuadrangular Randy Remington nos anima a orar con "estructura, compromiso y rendición de cuentas".

La oración llena del Espíritu es el motor que impulsa a la iglesia y su misión. Es la llave que libera el poder de Dios. Consideren esta exhortación del apóstol Pablo:

"Oren en el Espíritu en todo momento, con peticiones y ruegos. Manténganse alertas y perseveren en oración por todos los creyentes" (Efesios 6:18, NVI).

Pablo ofrece una guía práctica para la oración llena del Espíritu:

- **Oren en el Espíritu.** El Espíritu de Dios participa activamente en la oración.
- **Háganlo en toda ocasión.** Siempre hay tiempo para orar.
- **Incluyan todo tipo de oración.** Empleen la intercesión, las peticiones, las alabanzas, la confesión y el uso de las Escrituras.
- **Manténganse alertas y constantes,** centrando sus oraciones en el pueblo de Dios.

Creo de todo corazón que, si nos dedicamos a la oración llena del Espíritu, veremos a Dios moverse de forma poderosa.

El tipo de oración que Pablo ordena en Efesios 6:18 requiere estructura, compromiso y rendición de cuentas. Abracemos esto juntos. Entreguémonos intencionalmente a la oración llena del Espíritu para que también podamos fortalecernos con el gran poder del Señor (Efesios 6:10).

¡Estoy agradecido de poder orar con ustedes!

Randy Remington
Presidente
La Iglesia Cuadrangular de Estados Unidos

Recursos de ayuno + oración

Profundice con más lectura y enriquecimiento familiar durante los 21 Días de Ayuno + Oración 2025.

¿Cómo nos ayuda a orar el Espíritu Santo?

Al comenzar este nuevo año con ayuno y oración, es un buen momento para recordar que no estamos solos en nuestra intercesión. Tenemos un Consolador que ha sido enviado por el Padre para fortalecernos de muchas maneras, pero ninguna es más importante que nuestra capacidad de orar eficazmente. Lea el artículo completo por el pastor Cuadrangular Steve Schell para saber sobre tres de las maneras en que el Espíritu Santo nos ayuda a orar. Encuentre el artículo en **Foursquare.Church/EspirituSanto**.

¿Por qué ayunamos?

Hay muchas razones para ayunar y una variedad de métodos para practicar esta importante disciplina espiritual. Lea el artículo completo por el pastor Cuadrangular Bill Gross para saber más sobre por qué es importante esta disciplina y qué dice la Biblia sobre el ayuno, así como los aspectos prácticos de cómo ayunar. Léalo en **Foursquare.Church/Ayuno-2025**

No olvide hacer una pausa para los Momentos en Familia

Haga que los 21 Días de Ayuno + Oración sean un asunto familiar. Descargue la guía de Momentos en Familia con actividades diarias, o compre la versión a todo color en Amazon. Visite **OracionCuadrangular.org** para obtener detalles sobre los Momentos en Familia de este año, disponible en inglés como en español.

Más recursos para el ayuno + la oración

¿Quiere sumergirse en la oración, el ayuno y los dones del Espíritu Santo, pero no está seguro dónde comenzar? Encuentre aún más recursos útiles sobre la oración, el ayuno y el Espíritu Santo, incluyendo recursos para niños, en **OracionCuadrangular.org**.

Also available in English

Download or purchase a copy of 21 Days of Prayer + Fasting in English! Sign up for emails and find church resources as well. Visit **FoursquarePrayer.org**

La obra interna *del* Espíritu

Cuando confesamos a Jesucristo como Señor, el Espíritu de Dios nos llena de la vida de Jesús y nos guía a la vida de Jesús. Desde el momento de nuestra salvación, el Espíritu Santo comienza una obra de por vida dentro de nosotros, guiándonos a negar las obras de nuestra naturaleza pecaminosa, capacitándonos para vivir como una nueva creación y dando testimonio de nuestra identidad como hijos de Dios.

Día — 01

Renovados por el Espíritu

¿Qué pueden hacer en nuestras vidas la gracia y la misericordia de Dios, dadas libremente y sin que las hayamos ganado?

Escrituras de Hoy

"Él nos salvó, no por nuestras propias obras de justicia, sino por su misericordia. Nos salvó mediante el lavamiento de la regeneración y de la renovación por el Espíritu Santo, que él derramó sobre nosotros abundantemente por medio de Jesucristo nuestro Salvador".
—Tito 3:5-6 (NVI)

"Por eso les advierto que nadie que esté hablando por el Espíritu de Dios puede maldecir a Jesús; ni nadie puede decir: «Jesús es el Señor» sino por el Espíritu Santo".
—1 Corintios 12:3 (NVI)

Reflexione en la Palabra

En una carta llena de consejos éticos y llamados a las buenas obras, Pablo enfatiza que nuestras buenas obras no son una manera de ganar el favor de Dios, sino una respuesta a la gracia que ya hemos recibido en Jesucristo (Tito 3:5). Ya hemos recibido la gracia de Dios a través de Su increíble misericordia, que nos fue dada gratuitamente. Sí, somos llamados a vivir vidas disciplinadas, purificadas y espiritualmente comprometidas—no para acercarnos más a Dios, sino porque queremos que nuestras propias vidas reflejen nuestra nueva identidad en Él.

Pablo también se refiere a la obra de "lavamiento" del Espíritu, un recordatorio de que, a través del bautismo, Dios nos ha limpiado por medio de Su Espíritu. No hacemos el bien para ganarnos esta limpieza, o Su favor; vivimos nuestra fe como una respuesta agradecida a Él por salvarnos y redimirnos.

Oración + Contemplación

01 — Reflexione en la gracia y misericordia que usted ha recibido por medio de Jesucristo. ¿Cómo le ha dado este favor no merecido una nueva identidad en Él? ¿Cómo le motiva esta misericordia a vivir su vida en respuesta a esto?

02 — Pida al Espíritu Santo la fortaleza y guía para ayudarle a vivir una vida disciplinada y comprometida espiritualmente, encarnando la gracia y misericordia que le han sido mostradas.

03 — Ore por aquellos que luchan por entender el concepto de la gracia de Dios. Ore que ellos puedan conocer el gozo y la libertad de vivir como recipientes del favor no merecido de Dios.

Notas + Reflexión

Día — 02

Revividos en Cristo

¿Cómo se manifiesta la resurrección de Jesús en nuestras propias vidas, y cómo podemos permitirnos ser transformados por ella?

Escrituras de Hoy

"Sin embargo, ustedes no viven según la carne, sino según el Espíritu, si es que el Espíritu de Dios vive en ustedes... Y si el Espíritu de aquel que levantó a Jesús de entre los muertos vive en ustedes, el mismo que levantó a Cristo de entre los muertos también dará vida a sus cuerpos mortales por medio de su Espíritu, que vive en ustedes".
—Romanos 8:9,11 (NVI)

"El ladrón solo viene para robar, matar y destruir. Yo he venido para que tengan vida, y para que la tengan en abundancia".
—Juan 10:10 (NBLA)

"He sido crucificado con Cristo, y ya no vivo yo, sino que Cristo vive en mí. Lo que ahora vivo en el cuerpo, lo vivo por la fe en el Hijo de Dios, quien me amó y dio su vida por mí".
—Gálatas 2:20 (NVI)

Reflexione en la Palabra

La resurrección es el evento más significativo en la vida de Jesús, y también es el aspecto más importante de nuestras propias vidas.

El pasaje de Romanos nos dice que el mismo Espíritu que levantó a Jesús de entre los muertos ahora vive en nosotros, trayendo nueva vida a nuestros cuerpos. Esta no es solo una esperanza futura, sino una realidad presente. El poder de resurrección del Espíritu Santo nos transforma de una vida atada por el pecado y la muerte, a una vida llena de propósito y vitalidad en Cristo.

Pablo enfatizó esta verdad para ayudarnos a comprender el profundo milagro de la resurrección, instándonos a entender que el mismo poder que resucitó a Cristo está obrando dentro de nosotros. A través del Espíritu, somos resucitados a una nueva vida, llena de esperanza, propósito y la promesa de vida eterna.

Oración + Contemplación

01 — Reflexione en la increíble verdad de que el mismo Espíritu que levantó a Jesús de entre los muertos ahora vive en usted, dándole nueva vida y propósito en Cristo.

02 — Pida al Espíritu Santo que lo guíe a vivir plena y abundantemente en Cristo, que le dé una comprensión más profunda de este poder de resurrección en su vida diaria.

03 — Ore por aquellos en su vida que se sienten muertos o desconectados espiritualmente, orando que puedan experimentar la presencia del Espíritu Santo que da vida y ser revividos en Cristo.

Notas + Reflexión

Día — 03

Hijos amados de Dios

Por el Espíritu Santo somos hechos hijos e hijas de Dios, y podemos disfrutar una relación cercana con Él como Padre Celestial.

Escrituras de Hoy

"Y ustedes no recibieron un espíritu que de nuevo los esclavice al miedo, sino el Espíritu que los adopta como hijos y les permite clamar: «¡Abba! ¡Padre!»".
—Romanos 8:15 (NVI)

"Ustedes ya son hijos. Dios ha enviado a nuestros corazones el Espíritu de su Hijo, que clama: «¡Abba! ¡Padre!»".
— Gálatas 4:6 (NVI)

"Y esta esperanza no nos defrauda, porque Dios ha derramado su amor en nuestro corazón por el Espíritu Santo que nos ha dado".
— Romanos 5:5 (NVI)

Reflexione en la Palabra

Jesús se dirige a Dios como "Abba", una palabra hebrea que significa "padre". Este término no implica una relación formal y distante, sino más bien una relación íntima y cercana, con un profundo nivel de afecto y confianza.

Esta misma relación íntima se nos ofrece a través del Espíritu Santo, como se explica en Romanos 8:15. El Espíritu en nosotros nos hace hijos e hijas de Dios, concediéndonos el privilegio de llamarlo "Abba". Esta adopción provoca una transformación total de identidad, permitiéndonos experimentar seguridad como hijos amados de Dios.

Oración + Contemplación

01 ——— Tome tiempo para dirigirse íntimamente a Dios como “Abba, Padre”. ¿Cómo transforma el hacer esto su visión del amor de Dios y de su identidad como hijo Suyo?

02 ——— Pida a Dios que le ayude a vivir con confianza bajo Su amor y protección. Ore por una experiencia más profunda del Espíritu Santo al abrazar su nueva identidad como hijo amado de Dios.

03 ——— Ore por aquellos en su vida que están alejados de Dios, que experimenten Su amor y la seguridad de ser Sus hijos, encontrando paz y gozo en Su abrazo.

Notas + Reflexión

La vida *en el* Espíritu

El ser llenos con el Espíritu Santo no es principalmente una fórmula, una doctrina o una experiencia mística. Es la condición de una persona que tiene la intención de ser un discípulo. El cristianismo implica más que creer las cosas correctas; hay Alguien a quien recibir y experimentar.

Día — 04

Alabanza y acción de gracias

Consideremos la miríada de cosas en nuestras vidas por las que debemos estar agradecidos al Señor.

Escrituras de Hoy

"Estén siempre gozosos. Oren sin cesar. Den gracias en todo, porque esta es la voluntad de Dios para ustedes en Cristo Jesús. No apaguen el Espíritu".
—1 Tesalonicenses 5:16-19 (NBLA)

"Y no se embriaguen con vino, en lo cual hay disolución, sino sean llenos del Espíritu. Hablen entre ustedes con salmos, himnos y cantos espirituales, cantando y alabando con su corazón al Señor. Den siempre gracias por todo, en el nombre de nuestro Señor Jesucristo, a Dios, el Padre. Sométanse unos a otros en el temor de Cristo".
—Efesios 5:18-21 (NBLA)

Reflexione en la Palabra

No todo en la Biblia es fácil de entender, pero de vez en cuando nos encontramos con un pasaje de las Escriturass que es bastante claro. El pasaje en 1 Tesalonicenses dice que debemos:

- **Estar siempre gozosos.** Comience identificando algunos de los ladrones de su gozo, tales como la culpa, la aflicción, el resentimiento y las quejas. Decida abordar la vida con un espíritu renovado. Escoja el gozo.
- **Orar sin cesar.** La oración no tiene que ser llamativa. De hecho, es mejor que no lo sea. Simplemente hable con Dios, y deje que Él le hable a usted. En su relación con el Señor, asegúrese de escuchar tanto, si no más, de lo que habla.

• **Dar gracias.** El Apóstol Pablo comienza 10 de sus 13 epístolas del Nuevo Testamento con alguna expresión de gratitud. Sus oraciones y cartas estaban llenas de agradecimiento, a pesar de los continuos desafíos que enfrentaba. Estamos invitados a ser iguales, dando gracias por todas las cosas (Efesios 5:20).

Oración + Contemplación

01 — Puede ser que usted haya tenido muchas razones válidas para quejarse y refunfuñar en los últimos años, y sin embargo es la voluntad de Dios para nuestras vidas que nos regocijemos, oremos y demos gracias. ¿Cómo influirá esto en su respuesta a Él en el futuro?

02 — Tome un momento para orar al Señor con gratitud. Manténgalo sencillo. Agradézcale por lo que Él le ha dado. Escuche Su corazón.

03 — Haga una lista de las cosas por las que está agradecido hoy. Esa lista puede llevarlo a realizar una llamada telefónica, enviar un texto o nota a personas que han tenido un impacto positivo en su vida.

Notas + Reflexión

Día — 05

Arrepentimiento y perdón

No es suficiente simplemente ser perdonado, aunque es esencial; también nos debemos arrepentir y tomar una nueva dirección con la ayuda de Dios.

Escritura de Hoy

"No salga de la boca de ustedes ninguna palabra mala, sino solo la que sea buena para edificación, según la necesidad del momento, para que imparta gracia a los que escuchan. Y no entristezcan al Espíritu Santo de Dios, por el cual fueron sellados para el día de la redención. Sea quitada de ustedes toda amargura, enojo, ira, gritos, insultos, así como toda malicia. Sean más bien amables unos con otros, misericordiosos, perdonándose unos a otros, así como también Dios los perdonó en Cristo".
—Efesios 4:29-32 (NBLA)

Escritura Adicional

—Juan 16:7-11 (NBLA)

Reflexione en la Palabra

Se cuenta la historia de una persona crítica que se acercó al fundador del metodismo, John Wesley, en un servicio religioso y le dijo: "Mi talento es decir lo que pienso". Wesley supuestamente respondió: "¡Ese es un talento que al Señor no le importaría en lo más mínimo que enterraras!".

Por muy gracioso que parezca, no hay nada divertido en las conversaciones malsanas y poco constructivas que tan a menudo salen de nuestras bocas. Se nos exhorta a deshacernos de la amargura, la rabia, la ira, las peleas, la calumnia y la malicia. Es un buen comienzo; sin embargo, no termina allí. Luego debemos reemplazarlos con algo mucho mejor: bondad, compasión, perdón y amor. Este proceso transformador es una obra del Espíritu. Nuestra respuesta apropiada a la obra del Espíritu es el arrepentimiento, y el dar fruto espiritual acorde con ese arrepentimiento.

Oración + Contemplación

01 — Reflexione en estas Escrituras y permita que el Espíritu Santo lo acompañe, ayudándole a deshacerse de aquello que no debería estar en su corazón, y reemplazarlo con algo mucho mejor.

02 — Al enfrentar situaciones desafiantes, ore el Salmo 141:3 sobre su vida: "SEÑOR, pon guarda a mi boca; vigila la puerta de mis labios" (NBLA).

03 — ¿Ha estado diciendo lo que piensa en una manera malsana, sea en la cara de alguien, a sus espaldas o en línea? No podemos revivir el pasado, pero nos podemos arrepentir de él. Tome un momento para arrepentirse y buscar el perdón del Señor, y tal vez, hasta de alguna persona en particular que usted haya ofendido.

Notas + Reflexión

Día — 06

Verdad y libertad

En estos tiempos inciertos, debemos apoyarnos en el Espíritu del Señor para discernir la verdad y ser obedientes.

Escrituras de Hoy

"Entonces Jesús decía a los judíos que habían creído en Él: «Si ustedes permanecen en Mi palabra, verdaderamente son Mis discípulos; y conocerán la verdad, y la verdad los hará libres ... Así que, si el Hijo los hace libres, ustedes serán realmente libres»".
—Juan 8:31-32,36 (NBLA)

"Ahora bien, el Señor es el Espíritu; y donde está el Espíritu del Señor, hay libertad".
—2 Corintios 3:17 (NBLA)

"Pero cuando Él, el Espíritu de verdad venga, los guiará a toda la verdad..."
—Juan 16:13 (NBLA)

Reflexione en la Palabra

En el estudio de la teoría del liderazgo, ha surgido un concepto llamado "VUCA" (por sus siglas en inglés) que refleja la cultura de nuestros tiempos. VUCA significa Volatilidad, Incertidumbre, Complejidad y Ambigüedad. No hay duda de que estamos viviendo en un mundo VUCA en este momento, con muchas cosas que son difíciles de entender o conocer por completo. Pero hay algunas cosas que podemos saber.

Podemos saber si somos discípulos de Jesús. ¿Cómo? Jesús les dijo a los que creían en Él: "Si ustedes siguen obedeciendo mi enseñanza, serán verdaderamente mis seguidores" (Juan 8:31, PDT). Una de las principales marcas de un discípulo de Jesús es la obediencia a la palabra de Dios. Se ha dicho que los cristianos generalmente están educados mucho más allá de su nivel de obediencia, lo que significa que sabemos mucho, pero desafortunadamente no siempre lo demostramos con nuestras acciones. No demore en obedecerle, especialmente en estos tiempos de volatilidad, incertidumbre, complejidad y ambigüedad.

Oración + Contemplación

01 — ¿Es usted un seguidor de Jesús que está caminando en libertad y en el Espíritu de verdad? Si es así, ¿a qué áreas de mayor obediencia puede que Jesús lo esté llamando?

02 — ¿Todavía tiene que convertirse en un seguidor de Jesús? Si es así, tome un momento para orar, pidiéndole al Espíritu Santo que lo guíe a toda la Verdad, que es la persona de Jesús. Pídale a Jesús que sea su Señor y Salvador.

03 — En oración, pídale al Espíritu Santo que le dé más oportunidades de obedecer la dirección del Señor.

Notas + Reflexión

La obra transformadora *del* Espíritu

El deseo de Dios para nosotros es que seamos "hechos conforme a la imagen de Su Hijo" (Romanos. 8:29, NBLA). Su plan para usted y para mí es hacernos más como Jesús. ¿Cómo lo hace? Esta es la obra del Espíritu. Un encuentro genuino con el Espíritu Santo nos santifica, nos empodera para crecer en el carácter de Cristo, y nos capacita para hacer la obra de Cristo.

Día — 07

Transformación que proviene del Espíritu

La presencia santa de Dios tiene un peso y brillo, y nadie puede estar en Su presencia sin experimentar un cambio profundo.

Escritura de Hoy

"Pero todos nosotros, con el rostro descubierto, contemplando como en un espejo la gloria del Señor, estamos siendo transformados en la misma imagen de gloria en gloria, como por el Señor, el Espíritu".
—2 Corintios 3:18 (NBLA)

Reflexione en la Palabra

En el pasaje de 2 Corintios, Pablo se refiere a Moisés, contemplando la gloria de Dios en la hendidura de la roca en Éxodo 33. ¿Cómo debe ser estar cubierto por la mano de Dios? ¿Sentir el peso de Su presencia en la carne?

Experimentar esto cambió a Moisés—lo transformó irrevocablemente. Sabemos esto porque la Escritura nos dice que su rostro resplandeció, atemorizando a la gente (Éxodo 34:29-35). Moisés se cubría el rostro cuando no estaba en la presencia del Señor.

Debido al sacrificio de Jesús, podemos estar directamente en la fuente, ante el peso y la gloria de Dios, y no tenemos que tener miedo ni vergüenza. No tenemos que cubrirnos. Gracias a Jesús, la gloria de Dios que brilla en nosotros nunca se desvanecerá. En Su presencia, somos transformados cada vez más a la semejanza de nuestro hermoso Señor Jesús, por el poder del Espíritu Santo.

Oración + Contemplación

01 ——— Tome un momento para reconocer el peso de la gloria de Dios al disfrutar del privilegio de Su presencia. Deje que le transforme a la imagen amada de Su Hijo.

02 ——— Pídale a Dios que aumente su intimidad con Jesús, que su deseo por Él y las cosas de Él crezcan.

03 ——— Ore que las iglesias anhelen ser transformadas por Su presencia que todo lo consume, que el Espíritu de Dios bautice en fuego, derritiendo el miedo y todo aquello que no se parezca o suene a Jesús.

Notas + Reflexión

____

____

____

____

____

____

____

Día — 08

Pensamientos gobernados por el Espíritu

Nuestros pensamientos crean nuestro mundo, pero ¿cómo son formados estos pensamientos, y qué permitimos que los influencie?

Escritura de Hoy

"Esto es precisamente de lo que hablamos, no con las palabras que enseña la sabiduría humana, sino con las que enseña el Espíritu, explicando lo espiritual en términos espirituales. El que no tiene el Espíritu no acepta lo que procede del Espíritu de Dios, pues para él es locura. No puede entenderlo, porque hay que discernirlo espiritualmente. En cambio, el que es espiritual lo juzga todo, aunque él mismo no está sujeto al juicio de nadie, porque «¿quién ha conocido la mente del Señor para que pueda instruirlo?». Nosotros, por nuestra parte, tenemos la mente de Cristo".
—1 Corintios 2:13-16 (NVI)

Escritura Adicional

—Romanos 8:5-6 (NVI)

Reflexione en la Palabra

Tendemos a enfocarnos mucho en cómo actuamos nosotros y los demás, pero ¿nos tomamos el tiempo para determinar la fuente de lo que conduce a nuestras acciones? ¿Sobre qué partes de nosotros hemos cedido el control?

En el pasaje de Romanos, vemos un contraste entre ser gobernado por la mente carnal, la carne, o ser gobernado por la sabiduría, el Espíritu de Dios. Uno se centra en uno mismo, y el otro se centra en Dios. Uno conduce a la muerte; el otro conduce a la vida y la paz. Uno rechaza lo que es verdadero. El otro acepta que necesitamos instrucción.

¡Alabado sea el Señor porque hemos recibido un don inmerecido que revela los secretos del cielo a través de la mente de Cristo! Tenemos al Profesor más grande que el universo ha tenido y conocerá jamás.

Oración + Contemplación

01 — Tome un momento para pedirle al Espíritu que evalúe su corazón. ¿Qué revelan sus acciones sobre quién tiene el control? ¿Quién está gobernando su vida: usted o el Espíritu Santo?

02 — Ore que el Espíritu le dé la fortaleza y humildad para entregar el control y someterse a la mente de Cristo.

03 — Ore contra la división en nuestro mundo, país e iglesias. Pida al Espíritu por un derramamiento de amor y sabiduría que nos guíen hacia la unidad y compasión.

Notas + Reflexión

Día — 09

Carácter y creatividad formados por el Espíritu

Así como el oro debe ser refinado por el fuego para ser fuerte y valioso, así nuestros corazones deben ser refinados por fuego santo.

Escrituras de Hoy

"El SEÑOR habló con Moisés y le dijo: «Toma en cuenta que he escogido a Bezalel, hijo de Uri y nieto de Hur, de la tribu de Judá, y lo he llenado del Espíritu de Dios, de sabiduría, inteligencia y capacidad creativa para hacer trabajos artísticos en oro, plata y bronce, para cortar y engastar piedras preciosas, para hacer tallados en madera y realizar toda clase de artesanías".
—Éxodo 31:1-5 (NVI)

"Pero el fruto del Espíritu es amor, gozo, paz, paciencia, benignidad, bondad, fidelidad, mansedumbre, dominio propio; contra tales cosas no hay ley".
—Gálatas 5:22-23 (NBLA)

Reflexione en la Palabra

La orfebrería es un oficio fascinante. Hermosas joyas, exquisitas monedas, arquitectura impresionante—todo ello nos señala a un creador.

Cuando vemos el oro en su estado bruto, nos preguntamos cómo se transforma de forma tan radical. Al principio es áspero y sin refinar, lleno de impurezas. La adición de fuego hace que experimente una metamorfosis hasta quedar suave e intrincado, lleno de valor.

Qué hermosa ilustración del Maestro Artesano. Dios mismo es el Fuego que Todo lo Consume, y Su Espíritu es el que bautiza con fuego, derritiendo las impurezas pecaminosas y endurecidas de nuestros corazones, para que nos volvamos suaves y maleables en Sus manos. Y después de que todo lo insignificante es consumido y separado, lo que queda es nuestro carácter, el fruto de Su labor y la obra de Sus manos. El fuego del avivamiento comienza en nosotros.

Oración + Contemplación

01 — Tome tiempo para reflexionar en la belleza y sabiduría del Maestro Artesano. Saber que somos creados a Su imagen, dotados de dones y bautizados en fuego para que podamos mostrar al mundo Su gloria. ¿Reflejan nuestras vidas la belleza de nuestro Creador? ¿Hay lugares en nuestros corazones que necesitan ser consumidos por el fuego de Su presencia?

02 — Ore por un espíritu de arrepentimiento en la iglesia, que roguemos al Señor examinar nuestros corazones y rendirnos al fuego de Su presencia que derrite cualquier cosa que no se parece a Él.

03 — Ore por un fresco bautismo de fuego y que el Espíritu nos llene con Sus dones y amor y compasión por los perdidos.

Notas + Reflexión

La manifestación *del* Espíritu

Separar el mensaje del evangelio de su origen y poder sobrenaturales es reducirlo. Dios quiere llevarnos de la infancia espiritual a la madurez de un servicio empoderado por el Espíritu. Después de todo, Su meta para cada generación es salvar a cuantos sea posible y edificar Su iglesia, revelando Su gracia y gloria. Para este fin, Él usa a personas guiadas y empoderadas por el Espíritu.

Día — 10

Orando en el Espíritu

Cuando usamos los dones de Dios para hablar con Él, somos capaces de orar sobre cosas que todavía no comprendemos con nuestro propio entendimiento.

Escritura de Hoy

"De la misma manera, también el Espíritu nos ayuda en nuestra debilidad. No sabemos orar como debiéramos, pero el Espíritu mismo intercede por nosotros con gemidos indecibles. Y Aquel que escudriña los corazones sabe cuál es el sentir del Espíritu, porque Él intercede por los santos conforme a la voluntad de Dios".
—Romanos 8:26-27 (NBLA)

Escrituras Adicionales

—Judas 20-21 (NVI)
—1 Corintios 14:2 (NVI)

Reflexione en la Palabra

La mayor parte de la vida es espiritual, abarcando cosas que no podemos captar con nuestros sentidos físicos, y misterios que no podemos desentrañar con el pensamiento natural. Las buenas intenciones y los planes magistrales no logran mucho contra las fuerzas espirituales. Por eso oramos.

Pero cuando no sabemos lo que Dios quiere hacer en nuestra situación, o cuando no encontramos palabras para expresar adecuadamente lo que hay en nuestro corazón, ¿cómo oramos? Gracias a Dios, no estamos solos para saber qué orar. El Espíritu Santo se ofrece a guiarnos.

El Espíritu sabe lo que hay en el corazón de Dios y exactamente lo que Él quiere en nuestra vida. El dirige nuestra intercesión de manera acorde, guiándonos a orar sobre los misterios espirituales y la voluntad de Dios para nuestra vida. El Espíritu también pone palabras en nuestros labios que expresan lo que es demasiado profundo para nuestras palabras. Debido a que los pensamientos de Dios no son como los nuestros, las palabras de oración guiadas por el Espíritu no tienen sentido para nuestras mentes. Nuestra "lengua materna" nos permite orar por lo que sí entendemos, y nuestra "otra" lengua nos permite orar por lo que no entendemos.

Oración + Contemplación

01 ——— El Señor conoce las circunstancias de su vida en este momento, como también lo que está detrás de ellas. ¿Cuál es el beneficio de orar en el Espíritu?

02 ——— ¿Cuál es una cosa grande por la que ha estado orando, usando su propio entendimiento? ¿Consideraría orar sobre ello con el Espíritu (1 Corintios 14:15)?

03 ——— Pablo habló en lenguas más de que lo hicieron sus contemporáneos (1 Corintios 14:18). Esta semana, ¿podría usted orar en el Espíritu más de lo que lo hace normalmente?

Notas + Reflexión

Día — 11

Dones espirituales

Los dones de Dios no son rasgos de personalidad, sino la manifestación del Espíritu Santo para Su gloria obrando a través de nosotros.

Escritura de Hoy

"Ahora bien, hay diversidad de dones, pero el Espíritu es el mismo. Hay diversidad de ministerios, pero el Señor es el mismo. Y hay diversidad de operaciones, pero es el mismo Dios el que hace todas las cosas en todos. Pero a cada uno se le da la manifestación del Espíritu para el bien común. Pues a uno le es dada palabra de sabiduría por el Espíritu; a otro, palabra de conocimiento según el mismo Espíritu; a otro, fe por el mismo Espíritu; a otro, dones de sanidad por el único Espíritu; a otro, poder de milagros; a otro, profecía; a otro, discernimiento de espíritus; a otro, diversas clases de lenguas, y a otro, interpretación de lenguas. Pero todas estas cosas las hace uno y el mismo Espíritu, distribuyendo individualmente a cada uno según Su voluntad".

—1 Corintios 12:4-11 (NBLA)

Escritura Adicional

—Romanos 12:6-8 (NVI)

Reflexione en la Palabra

Cada hija e hijo de Dios, cada miembro del cuerpo de Cristo ha recibido una capacidad espiritual que nos otorga acceso a un entendimiento y un poder que van más allá de los nuestros. Estos dones no son rasgos de personalidad ni talentos; no se pueden encontrar en la caja de herramientas de nadie. Al contrario, vienen de lo alto.

Aunque generalmente se los denomina "dones espirituales", estas capacidades para funcionar de manera sobrenatural incluyen más de una categoría de cosas espirituales (dones y ministerios) y diferentes formas en las que funcionan (actividades). Por ejemplo, el don de profecía no es lo mismo que el ministerio de un profeta, y algunas profecías consuelan mientras que otras anuncian el futuro.

Con el tiempo nos volvemos más sensibles a la voz del Espíritu a ejercer un don y una función en nuestro ministerio. Y aprendemos a cooperar más plenamente con el Espíritu Santo, hablando las palabras que Él nos da para compartir y realizando las acciones que Él nos pide que hagamos. Esa asociación produce resultados milagrosos en la vida de los demás—y es por eso que Pablo nos anima a buscar los dones espirituales con tanto fervor (1 Corintios 12:31, 14:1,12).

Oración + Contemplación

01 ——— Vuelva a leer estos pasajes bíblicos en voz alta y pídale a Dios que le dé comprensión sobre sus dones espirituales.

02 ——— Esta semana, ¿cómo hará espacio para ministrar con sus dones espirituales únicos?

03 ——— Ore para que usted y su iglesia operen más plenamente con las herramientas y capacidades espirituales que Él ha ordenado en sus vidas.

Notas + Reflexión

___

___

___

Día — 12

Milagros

Los primeros pasos para la liberación milagrosa son la oración guiada por el Espíritu y la fe en las obras de Jesús.

Escrituras de Hoy

"Me refiero a Jesús de Nazaret: cómo lo ungió Dios con el Espíritu Santo y con poder, y cómo anduvo haciendo el bien y sanando a todos los que estaban oprimidos por el diablo, porque Dios estaba con él".
—Hechos 10:38 (NVI)

"Además, Dios confirmó el mensaje mediante señales, maravillas, diversos milagros y dones del Espíritu Santo según su voluntad".
—Hebreos 2:4 (NTV)

Reflexione en la Palabra

Jesús siempre demostró Su bondad y cuidado por los innumerables quebrantados y lastimados. Ese mismo amor y compasión que fluía del corazón y las manos de Jesús, sigue cubriendo la tierra hoy. No importa cuál sea la necesidad, Jesús está dispuesto y esperando a ser involucrado. Él nunca está demasiado ocupado dirigiendo el universo como para no inundar de inmediato su vida con Su presencia y Su toque. Cualquiera que se acerque al cielo encontrará paz, poder y, a veces, un gozo inexplicable, incluso durante algunas de las más grandes pruebas de la vida.

Las personas han sido testigos de ojos ciegos, oídos sordos y todo lo demás siendo tocados milagrosamente por el poder del Espíritu Santo. Él es y siempre será el Dios que ama dar vida a Su pueblo. Sea lo que sea que esté enfrentando, confíe en que el mismo Jesús que cuidó a los hambrientos, los heridos, los atados, los enfermos y los desesperados será la respuesta y traerá calma a cada tormenta de la vida.

Oración + Contemplación

01 —— Repase las Escrituras y recuerde cómo Jesús nunca dejó de mostrar Su amor y cuidado por cualquiera que tuviera una necesidad. Recuerde que "Jesucristo es el mismo ayer y hoy y por los siglos" (Hebreos 13:8, NBLA). Jesús es y siempre será Señor sobre cada situación o circunstancia en esta vida.

02 —— Ore que su propio nivel de fe aumente y crea que Jesús, de la misma forma que cuando caminó en esta tierra, obrará milagros en su vida y la vida de los que le rodean. Como primer paso, ore como lo hicieron los primeros creyentes cuando pidieron al Señor: "Auméntanos la fe" (Lucas 17:5, NBLA).

03 —— Tome un momento hoy para traer ante el Señor necesidades que parecen irreparables. Pueden ser las suyas o las de un familiar o amigo que está sufriendo. Comience un camino de fe en que el mismo Jesús que caminó sobre las aguas embravecidas, puede encontrarse con usted donde y cuando se necesita un milagro.

Notas + Reflexión

Un pueblo *de Su* presencia

La iglesia está llamada a ser la presencia misma de Jesús en el mundo. A través de la iglesia, Dios está infundiendo en el mundo Su vida y amor. ¿Qué ofrece una iglesia? Una experiencia física con un Dios trascendente. El mundo necesita algo más significativo que la religión; debe experimentar a Dios. La oración, unidad, amor apasionado por Jesús y una dependencia del Espíritu Santo son las señas de identidad de un pueblo que vive su llamado.

Día — 13

Una iglesia espiritual

¿Qué es una iglesia? No es un edificio, lugar o aún una reunión, sino una "casa espiritual" hecha de "piedras vivas", dice la Escritura.

Escrituras de Hoy

"También ustedes son como piedras vivas, con las cuales se está edificando una casa espiritual. De este modo llegan a ser un sacerdocio santo, para ofrecer sacrificios espirituales que Dios acepta por medio de Jesucristo".
—1 Pedro 2:5 (NVI)

"...No será por la fuerza ni por ningún poder, sino por mi Espíritu —dice el SEÑOR de los Ejércitos—".
—Zacarías 4:6 (NVI)

"Sin embargo, tengo en tu contra que has abandonado tu primer amor. ¡Recuerda de dónde has caído! Arrepiéntete y vuelve a practicar las obras que hacías al principio. Si no te arrepientes, iré y quitaré de su lugar tu candelabro".
—Apocalipsis 2:4-5 (NVI)

Reflexione en la Palabra

¿Qué hace que nuestros lugares de adoración sean sagrados? ¿Qué tiene de especial reunirse en un santuario, en una sala de estar, en un café o en el comedor de una escuela? ¿Dónde se encuentra el valor? ¿Es el lugar? ¿Es la gente? Creo que el valor de nuestras reuniones de adoración se encuentra en Aquel a quien nos reunimos para adorar.

La iglesia es la presencia misma de Jesús en un pueblo. Esto significa que nosotros, la iglesia, no somos solo un grupo de personas con creencias comunes. No nos reunimos solo una vez a la semana porque disfrutamos del mismo estilo de predicación o las mismas canciones de adoración. Estamos unidos espiritualmente por la presencia de Jesús en nuestras vidas y en medio de nosotros cuando dos o tres de nosotros nos reunimos en Su nombre.

Juntos, somos "piedras vivas" que estamos siendo edificados en una casa espiritual—una casa que no es un santuario, un café, una sala de estar o un comedor. En esta casa espiritual habita Emanuel, Dios con nosotros.

Oración + Contemplación

01 — En 1 Pedro 2:5 se nos llama un sacerdocio santo que ofrece sacrificios espirituales a Dios. ¿Qué sacrificios espirituales ofrece usted a Dios?

02 — Tome un momento para considerar el regalo que es conocer y amar a nuestro Salvador. Demos gracias a Él por ser Emanuel, Dios con nosotros.

03 — Ore por la iglesia global que continúe creciendo alrededor de todo el mundo y que nosotros, sus piedras vivas, continuemos siendo edificados.

Notas + Reflexión

Día — 14

Una iglesia audaz y valiente

Puede que el mundo nos haga sentir ansiosos, temerosos y tímidos, pero Dios ha llamado a la iglesia a vencer eso para Su gloria.

Escrituras de Hoy

"Pues Dios no nos ha dado un espíritu de timidez, sino de poder, de amor y de dominio propio".
—2 Timoteo 1:7 (NVI)

"Después que oraron, el lugar donde estaban reunidos tembló, y todos fueron llenos del Espíritu Santo y hablaban la palabra de Dios con valor".
—Hechos 4:31 (NBLA)

Reflexione en la Palabra

Todos hemos experimentado oportunidades de sentir temor. Quizá se ha enfrentado a situaciones aparentemente imposibles y ha tenido que tomar decisiones que parecían imposibles. Tal vez se ha sentido paralizado por el miedo y la ansiedad. Si no fuera por la sangre incomparable de Jesús, todavía estaríamos en ese lugar: vencidos y abrumados por el temor.

Podemos estar profundamente agradecidos por Su Espíritu Santo, que vive en nosotros, dándonos poder, amor y dominio propio. Su don de dominio propio es lo que nos empodera para tomar todos esos pensamientos cautivos y hacerlos obedientes a Cristo. Dios no le ha dado a Su pueblo un espíritu de temor; nos ha dado poder. Y con cada prueba y cada tribulación, crecemos en poder, nuestro valor se fortalece y nuestro impacto aumenta.

Como pueblo Suyo, tenemos la tarea vital de hacer brillar audazmente la luz de Jesús. Somos llamados a vivir vidas empoderadas, fortalecidas por Su Espíritu.

Una iglesia temerosa es una iglesia inefectiva. Fuimos hechos para ser efectivos. Fuimos hechos para ser valientes.

Oración + Contemplación

01 — ¿En qué áreas ha experimentado el poder, amor y dominio propio que trae Su Espíritu Santo?

02 — Lea o recite 2 Timoteo 1:7 en voz alta. Luego, hágalo personal diciendo: "El Espíritu que Tú me diste no me hace tímido, sino que me da poder, amor y dominio propio".

03 — Juntos, oremos que el evangelio de Jesucristo siga extendiéndose por todo el mundo a través de la disposición de Su iglesia valiente.

Notas + Reflexión

Día — 15

Una iglesia unificada

La paz es un concepto radical en el mundo de hoy, pero el Espíritu Santo puede unir a la iglesia cuando nos amamos unos a otros y fijamos nuestros ojos en Jesús.

Escritura de Hoy

"Porque Cristo es nuestra paz: de los dos pueblos ha hecho uno solo, derribando mediante su sacrificio el muro de enemistad que nos separaba, pues anuló la Ley con sus mandamientos y requisitos. Esto lo hizo para crear en sí mismo de los dos pueblos una nueva humanidad al hacer la paz, para reconciliar con Dios a ambos en un solo cuerpo mediante la cruz, por la que dio muerte a la enemistad. Él vino y proclamó paz a ustedes que estaban lejos y paz a los que estaban cerca. Pues por medio de él tenemos acceso al Padre por un mismo Espíritu".
—Efesios 2:14-18 (NVI)

Escrituras Adicionales

—Efesios 4:1-6 (NVI)
—Salmo 133 (NVI)

Reflexione en la Palabra

Una de las declaraciones de nuestro Credo Cuadrangular es un concepto que nuestra fundadora, la Hermana Aimee Semple McPherson compartió a menudo: "En lo esencial, unidad; en lo no esencial, libertad; en todas las cosas, caridad". Como iglesia, debemos estar unidos en lo esencial. Aunque damos espacio para nuestra diversidad y la celebramos, también debemos mantenernos firmes en lo que sabemos que es lo más importante.

Juan 13:35 nos dice que el mundo sabrá que somos discípulos de Jesús por nuestro amor mutuo. ¿Qué tan bien amamos? ¿Qué tan obvio es ese amor unos por otros? Nosotros, como colaboradores en Cristo, ¿amamos en voz alta? ¿Nos mantenemos unidos?

Debemos ser intencionales. Debemos estar comprometidos. Debemos hacer todo lo posible para buscar la unidad. Una iglesia unificada está fundada en la esperanza de Jesús, unidos por el amor, y unidos en el Espíritu Santo a través del vínculo de la paz.

Oración + Contemplación

01 ——— Efesios 4:3 dice que deberíamos hacer todo esfuerzo posible para mantener la unidad del Espíritu. ¿En qué maneras promueve usted la unidad?

02 ——— Como un cuerpo, oremos para que la iglesia crezca en unidad—no uniformidad, pero específicamente unidad del Espíritu.

03 ——— Tomemos un momento para considerar maneras en las que podemos contribuir a la unidad en nuestra comunidad de creyentes. Pídale al Señor que lo use como agente de Su paz.

Notas + Reflexión

Dios quiere que nos mantengamos cerca a nuestro guía, el Espíritu Santo, porque Él conoce nuestro futuro. Esto no significa que el enemigo de nuestra alma no nos atacará, o que no experimentaremos sufrimiento. Significa que Su presencia será constante, que tendremos discernimiento en cada situación, y que seremos equipados divinamente para enfrentar las batallas frente a nosotros.

Dirección, protección y revelación

Día — 16

Orando por guía y dirección

Sin el Espíritu Santo guiándonos por el camino que Dios quiere que tomemos, podemos perdernos y alejarnos de nuestro propósito.

Escrituras de Hoy

"Porque todos los que son guiados por el Espíritu de Dios son hijos de Dios".
—Romanos 8:14 (NVI)

"Si el Espíritu nos da vida, andemos guiados por el Espíritu".
—Gálatas 5:25 (NVI)

"Confía en el SEÑOR con todo tu corazón; no dependas de tu propio entendimiento. Busca su voluntad en todo lo que hagas, y él te mostrará cuál camino tomar".
—Proverbios 3:5-6 (NTV)

Escritura Adicional

—Hechos 16:6 (NVI)

Reflexione en la Palabra

El árbol más alto del mundo se llama Hyperion, una secuoya roja de California que mide más de 380 pies (unos 116 metros) de altura. Incluso antes de que se cerrara a los excursionistas, no había senderos ni indicaciones para llegar a este coloso, y se necesitaba un permiso para entrar en el parque donde estaba ubicado..

Durante un corto tiempo, se publicaron pistas en línea, pero para encontrarlo todavía era necesario atravesar un río y remontar un arroyo, identificar el atasco correcto y trepar una ladera. Para contemplar la maravilla de Hyperion, estas pistas fueron esenciales.

Todos necesitamos guía. A veces, nos encontramos estancados, con intentos fallidos, luchando por descubrir algo de valor. No podemos depender de nuestro propio entendimiento, sino que necesitamos la ayuda de alguien que conoce el camino. El Espíritu de Dios va delante de nosotros. Si buscamos Su voluntad en todo y confiamos plenamente en Él, Él nos dirigirá y nos guiará por un camino de valor infinito.

Oración + Contemplación

01 — Tome tiempo para reflexionar sobre los versículos de hoy. ¿Dónde está usted dependiendo de su propio entendimiento para recibir guía?

02 — Anote lo que su reflexión revele. Arrepiéntase por cualquier falta de confianza en Dios que pueda habérsele revelado. Pídale al Espíritu Santo mostrarle el camino de Dios para usted.

03 — Ore por la iglesia alrededor del mundo, que se mantenga en sintonía con el Espíritu de Dios a fin de dar a conocer a Jesús.

Notas + Reflexión

Día — 17

Orando por cobertura y protección

Sea fuerte y valiente, y póngase la armadura de Dios, porque a todo nuestro alrededor se están librando batallas espirituales que no podemos ver.

Escrituras de Hoy

"Por último, fortalézcanse con el gran poder del Señor. Pónganse toda la armadura de Dios para que puedan hacer frente a las artimañas del diablo. Porque nuestra lucha no es contra seres humanos, sino contra poderes, contra autoridades, contra potestades que dominan este mundo de tinieblas, contra fuerzas espirituales malignas en las regiones celestiales".
—Efesios 6:10-12 (NVI)

"No te pido que los quites del mundo, sino que los protejas del maligno".
—Juan 17:15 (NVI)

Reflexione en la Palabra

Hay momentos en la vida en los que seguir la dirección de Dios es como pisar un nido de avispas en el que la furia del infierno parece despertar. En Juan 17:15, Jesús oró para que Su iglesia fuera protegida del maligno. Podemos tener el gran consuelo de que Él sabe exactamente a qué nos enfrentamos y que está intercediendo ante el Padre por nosotros.

Deje que el pasaje de Efesios 6 se convierta en su grito de guerra mientras usted se enfrenta a las artimañas del enemigo. Se requiere la intención de mantener su mente segura en su salvación, de rendirse a Su justicia y verdad como protección para su vida. Deje que su fe se convierta en su escudo y que la palabra de Dios sea su arma de guerra.

Cuando usted reconoce que su batalla no es contra la carne, que se presenta fácilmente como su enemigo, sino contra fuerzas espirituales que no puede ver, se hace posible llevar la paz de Dios dondequiera que usted pise. Experimente la fuerza y el poder de Dios mientras usa Su armadura, y los poderes de las tinieblas que se oponen a usted serán derrotados.

Oración + Contemplación

01 ——— Lea Efesios 6:1-12. ¿Cómo podría ayudarle en sus batallas, grandes o pequeñas, el hecho de reconocer que Jesús siempre intercede por usted?

02 ——— Pídale al Espíritu Santo que le ayude a reconocer las artimañas del diablo y que le provea una comprensión fresca de cómo las armas de guerra de Dios son empuñadas para derrotar al enemigo.

03 ——— Ore para que la iglesia global tenga una revelación más profunda y se rinda a la protección de la armadura de Dios y el poder de Sus armas.

Notas + Reflexión

Día — 18

Orando por discernimiento y revelación

La manera de conocer la voluntad de Dios es conocer a Dios y estar arraigado en Él.

Escrituras de Hoy

"Ahora bien, Dios nos ha revelado esto por medio de su Espíritu, pues el Espíritu lo examina todo, hasta las profundidades de Dios. En efecto, ¿quién conoce los pensamientos del ser humano sino su propio espíritu que está en él? Así mismo, nadie conoce los pensamientos de Dios sino el Espíritu de Dios. Nosotros no hemos recibido el espíritu del mundo, sino el Espíritu que procede de Dios para que entendamos lo que por su gracia él nos ha concedido".
—1 Corintios 2:10-12 (NVI)

"Tu siervo soy: dame entendimiento y llegaré a conocer tus mandatos".
—Salmo 119:125 (NVI)

Reflexione en la Palabra

Este mundo puede parecer oscuro, solitario y temeroso. Anhelamos la luz y la belleza de la eternidad que Dios está preparando para nosotros. Imagine este mundo como un vientre. Cuando un bebé está conectado a través del cordón umbilical a su madre, se nutre y recibe todo lo que necesita para crecer sano. Cuando estamos conectados a Dios estando "arraigados" en Él (Colosenses 2:7), tenemos todo lo que necesitamos para crecer en salud.

Escuche la voz de Dios que dice: "Nunca estás solo en el vientre oscuro de este mundo. Mantente conectado a Mí y recibirás todo lo que necesitas para crecer plenamente en Mí. Escucha y conocerás Mi voz. Una vez que crezcas hasta convertirte en todo aquello para lo que has sido creado, nacerás en Mi presencia, viéndome cara a cara, donde ya no habrá barreras entre nosotros".

Él está hablando—¿lo está escuchando? Creceremos cada vez más en Su discernimiento y revelación a medida que afinemos nuestros oídos para escuchar y nos rindamos en obediencia a Él.

Oración + Contemplación

01 ——— Lea 1 Corintios 2:6-12. Él revelará todo lo que tiene preparado para usted, mientras que usted ama, busca y sigue a Dios.

02 ——— Su Espíritu llama; ¿lo escucha? Ore las palabras del Salmo 119:125 sobre su propia vida, y mantenga sus oídos afinados para escucharlo a Él.

03 ——— Pídale a Dios que Su iglesia escuche Su voz cada vez más y obedezca para que podamos ser y hacer todo lo que Él creó para nosotros.

Notas + Reflexión

Empoderados *y* enviados

Cada nación y generación, nuestras propias familias y vecinos, todos necesitan oír las Buenas Nuevas de lo que Dios ha hecho por nosotros en Cristo. Esto no puede suceder por nuestra propia fuerza o metodología humanas, pero solo la capacidad del Espíritu para atraer a las personas a Jesús puede ablandar los corazones para que se aparten del pecado y reciban el regalo gratuito de la salvación. Como creyentes, tenemos un mensaje que proclamar y vivir.

Día — 19

Poder para ser testigos de Jesús

Dios ha prometido el poder de Su Espíritu Santo a quienes estén dispuestos a compartir las Buenas Nuevas con las personas que Él ha puesto en sus vidas.

Escrituras de Hoy

"Pero recibirán poder cuando el Espíritu Santo venga sobre ustedes; y serán Mis testigos en Jerusalén, en toda Judea y Samaria, y hasta los confines de la tierra".
—Hechos 1:8 (NBLA)

"El Espíritu y la esposa dicen: «Ven». Y el que oye, diga: «Ven». Y el que tiene sed, venga; y el que desee, que tome gratuitamente del agua de la vida".
—Apocalipsis 22:17 (NBLA)

Reflexione en la Palabra

Ya sea usted un adolescente, un líder de iglesia, o esté en un punto intermedio—la idea de compartir nuestra fe a menudo puede ponernos nerviosos y tímidos. Pero Dios promete darnos poder sobrenatural para ser Sus testigos, en nuestro vecindario y alrededor del mundo. ¿No es un alivio no necesitar depender de nuestras proprias fuerzas?

En lugar de aquello, confiamos en que el Espíritu Santo nos dé la audacia que necesitamos en el momento justo y en el contexto adecuado. Aunque no sabemos si nuestras palabras serán recibidas, ser un testigo empoderado de Cristo no está determinado por nuestra idea preconcebida de un resultado exitoso.

Somos llamados y tenemos la promesa de ser empoderados para dar testimonio de las Buenas Nuevas de cómo Jesús se está moviendo en nuestras vidas y cómo puede hacerlo en las de los demás.

Cuando el Espíritu Santo se mueva en usted para compartir acerca del poder milagroso de Dios, prepárese para también ser lleno de audacia sobrenatural. ¡Es emocionante unirse a la obra que el Espíritu Santo ya está haciendo!

Oración + Contemplación

01 ——— Pídale a Dios que lo llene de nuevo con Su poder hoy, para vencer el temor y ser audaz para ser un testigo de las Buenas Nuevas de Jesús.

02 ——— Ore por aquellos en su propio mundo único que están lejos de Dios, y pídale a Dios que le de las palabras qué decir.

03 ——— Ore por aquellos que han sido llamados a los confines de la tierra como testigos, que Dios les de la oportunidad, favor y seguridad.

Notas + Reflexión

___

___

___

___

Día — 20

Poder para predicar + demostrar el evangelio

Antes de que abramos la boca para predicar la Palabra de Dios, nuestras acciones cuentan una historia a quienes van a oír las Buenas Nuevas.

Escrituras de Hoy

"Porque nuestro evangelio les llegó no solo con palabras, sino también con poder, es decir, con el Espíritu Santo y con profunda convicción. Como bien saben, estuvimos entre ustedes buscando su bien".
—1 Tesalonicenses 1:5 (NVI)

"Oren también por mí para que, cuando hable, Dios me dé las palabras para dar a conocer con valor el misterio del evangelio, por el cual soy embajador en cadenas. Oren para que lo proclame valerosamente, como debo hacerlo".
—Efesios 6:19-20 (NVI)

Reflexione en la Palabra

Hay una exhortación muy citada: "Predica el evangelio en todo momento y, si es necesario, usa palabras".

Las palabras desempeñan un rol necesario a la hora de compartir el evangelio con los demás, pero las acciones a menudo hablan más fuerte que las palabras. Por lo tanto, nuestras vidas deben reflejar la verdad del poder transformador de Cristo para salvarnos, cambiarnos, movilizarnos y empoderarnos.

Las palabras de Pablo a los seguidores de Cristo en Tesalónica hacen eco de este sentimiento. El Espíritu Santo puede empoderar nuestras palabras y acciones para que trabajen al unísono, para proclamar el evangelio. Y más aún, el Espíritu Santo va delante de nosotros, preparando los corazones para ver, escuchar y recibir las Buenas Nuevas.

Somos simplemente mensajeros, llamados y capacitados para compartir, con las palabras que Dios nos da, la obra que Él está haciendo en nuestras vidas y las buenas obras que Él nos llama a hacer.

Oración + Contemplación

01 ——— ¿Cómo ve que sus palabras y acciones trabajan al unísono para proclamar las Buenas Nuevas a las personas que Él ha puesto en su vida?

02 ——— Ore que el Señor traiga a la mente un área donde sus palabras y acciones se pueden alinear más cercanamente con el evangelio. Pídale a Él que le ayude.

03 ——— Pídale al Señor que elimine cualquier temor que usted tenga de proclamar las Buenas Nuevas, y que lo llene con fuerza, audacia y gozo fresco por Su inmensa bondad.

Notas + Reflexión

Día — 21

Poder para vivir en la plenitud del amor de Dios

Al terminar los 21 Días de Ayuno + Oración, espero que usted pueda salir al mundo para compartir el evangelio sintiendo Su amor a todo su alrededor.

Escritura de Hoy

"Le pido que, por medio del Espíritu y con el poder que procede de sus gloriosas riquezas, los fortalezca a ustedes en lo íntimo de su ser, para que por fe Cristo habite en sus corazones. Y pido que, arraigados y cimentados en amor, puedan comprender, junto con todos los creyentes, cuán ancho y largo, alto y profundo es el amor de Cristo. En fin, que conozcan ese amor que sobrepasa nuestro conocimiento, para que sean llenos de la plenitud de Dios".
—Efesios 3:16-19 (NVI)

Escritura Adicional

—Juan 13:34-35 (NTV)

Reflexione en la Palabra

"El ministerio y seguir a Jesús no siempre tienen que ser difíciles", escuché decir a un pastor hace poco. No estaban sugiriendo que la vida en Cristo nunca va a ser desafiante—eso es un pensamiento absurdo.

En cambio, querían decir que el amor de Cristo es tan inmenso que, si lo permitimos, Él nos inundará con la gloria y la grandeza de Su amor. Ese amor llenará nuestros corazones con un gozo que solo puede venir del Espíritu Santo que mora en nosotros, revelándose a Sí mismo y Su bondad hacia nosotros de maneras cada vez mayores.

En este último día de los 21 Días de Ayuno + Oración, consideremos la fuerza impulsora de nuestra existencia: el amor eterno e inmenso de Dios. Que ese amor defina nuestras vidas de una manera nueva en la temporada que tenemos por delante, dondequiera que el Señor nos lleve. Que llene cada palabra, cada acción, cada pensamiento—tanto sobre nosotros mismos como sobre el mundo que nos rodea. Que vivamos, en cada momento, en una comprensión cada vez mayor del amor de Dios, manifestado en la persona y la obra de Jesús.

Oración + Contemplación

01 —— Considere la afirmación de Pablo en Efesios de que seamos "llenos de la plenitud de Dios". ¿Cómo podría sentirse eso?

02 —— Ore que el Señor lo llene de nuevo con Su Espíritu y le revele de manera nueva la profundidad de Su amor por usted.

03 —— Pídale al Señor que, mientras Él revela Su amor por usted en una medida cada vez mayor, lo empodere para amar a otros de maneras más grandes y más parecidas a Cristo.

Notas + Reflexión

Palabras *de* agradecimiento

Gracias por acompañarnos durante los 21 Días de Ayuno + Oración 2025.

Nuestro mayor deseo es que hayan crecido como familia, unidos en misión, y que también hayan aprendido unos de otros.

Un agradecimiento especial a todos los que han trabajado y orado por este devocional. Esperamos que los últimos 21 días hayan sido de bendición, y que su familia continúe unida en oración y comunión.

El equipo de los 21 Días de Ayuno + Oración 2025

Editores
Marcia Graham
Amanda Borowski
Bill Shepson

Coordinación del Proyecto + Contenido
Erin Edquist
Jordan McKenna
Ashleigh Rich

Traducción al español
Diana Edwards
Raúl Irigoyen
Rebekka Otremba
Melisa Prieto

Diseño
Josh Hernández
PJ Moon

Página Web
Ben Gurrad

Video
Caique Morais

Redes Sociales
Luke La Vine

Un agradecimiento especial a nuestros escritores + colaboradores:
Daniel A. Brown, PhD; Molly DuQue; John Fehlen; Timmy Hensel; Melinda Kinsman; Heidi Messner; Randy Remington; Steve Schell; Jerry Stott, Ph.D; Nakisha Wenzel; Andrew Williams, PhD; Lindsay Willis

Reflexione

¿Qué le ha enseñado Dios a tráves de estos 21 días de ayunar y orar intencionalmente?

¿Qué sigue?

Ha pasado 21 días de oración llena del Espíritu. Ahora, ¿qué va a hacer al respecto?

Repase sus notas de reflexión de la página anterior. Ahora, fije su intención para 2025.

21 Días de Ayuno + Oración 2025

Oración *llena* del Espíritu

Made in the USA
Las Vegas, NV
29 December 2024

15578443R00048